360°全景探秘
最不可思议的奇异部落

最 不 可 思 议 的 奇 异 部 落
ZUI BU KE SI YI DE QI YI BU LUO

360度全景探秘

最不可思议奇异部落

主编 李阳

天津出版传媒集团
天津科学技术出版社

图书在版编目（CIP）数据

最不可思议的奇异部落 / 李阳主编. —天津：天津科学技术出版社，2012.4（2021.6重印）
（360度全景探秘）
ISBN 978-7-5308-6983-3

Ⅰ.①最… Ⅱ.①李… Ⅲ.①部落—民族文化—世界—普及读物 Ⅳ.①K18-49
中国版本图书馆CIP数据核字（2012）第078909号

360度全景探秘——最不可思议的奇异部落
360DU QUANJING TANMI —— ZUI BUKE SIYI DE QIYI BULUO

责任编辑：王　璐

责任印制：刘　彤

出　　版：	天津出版传媒集团
	天津科学技术出版社
地　　址：	天津市西康路35号
邮　　编：	300051
电　　话：	（022）23332399
网　　址：	www.tjkjcbs.com.cn
发　　行：	新华书店经销
印　　刷：	永清县晔盛亚胶印有限公司

开本 690×940　1/16　印张 10　字数 200 000
2021年6月第1版第5次印刷
定价：35.00元

目 录

一、世界原始部落之谜 / 1

伪装成树的米凯亚人 / 2

以械斗为乐的雅利人 / 3

臀越肥越美的布须曼人 / 4

嘴里放盘子的穆尔西女人 / 8

嘴唇穿木棍的佐埃人 / 10

太阳舞之谜 / 11

离婚女子身上抹牛粪之谜 / 13

二、世界另类部落之谜 / 15

恐龙人部落之谜 / 16

蜥蜴人之谜 / 17

图皮人、鸵鸟人之谜 / 18

"顺风耳"部落之谜 / 19

蓝色人部落之谜 / 20

男人、女人部落之谜 / 23

盲人部落之谜 / 25

哑巴部落之谜 / 26

裸体部落之谜 / 27

懒人部落之谜 / 28

鸟语、狗面、不笑、"晕陆"部落之谜 / 29

吃泥部落之谜 / 31

三、恐怖吃人部落之谜 / 33

食人部落人吃人 / 34

食人部落的社会分析 / 36

食人岛之谜 / 42

以人肉代替家禽的刚果食人部落 / 45

西印度群岛的吃人族 / 47

神秘的吃人宴会 / 49

骇人的毛利人 / 54

骇人听闻的倮人 / 59

一把斧头劈成的屋 / 61

吃皮靴的斐济食人部落 / 65

四、世界奇异部落之谜 / 67

侏儒部落之谜 / 68

阿联酋的赛驼 / 72

奇特"着装"的巴布亚部落 / 74

裸体的雅马拉比底人 / 77

多姿多彩的民俗风情 / 83

多姿多彩的畲族风情 / 85

崇蛇护鱼的奇俗 / 88

印度洋"黑色土著"部落 / 90

没有丈夫就没有衣服穿之谜 / 93

奇特的彼拉鱼祭礼之谜 / 95

俳湾人敬百步蛇 / 96

神圣"血祭"的阿内特人 / 102

五、世界奇俗部落之谜 / 105

最荒谬的奇异婚俗 / 106

尼泊尔奇异的婚俗 / 109

崇拜鲨鱼的部落 / 111

小岛上的"私奔"习俗 / 115

卖鸡肉找郎君的丁卡部落 / 117

奇怪的见面礼 / 119

六、世界玄谜部落之谜 / 123

充满了神秘色彩的布什曼人 / 124

神秘的岩石绘画艺术 / 128

神奇的野外生存能力 / 129

原始的生活习俗 / 133

"圣洁石"之谜 / 137

长寿的新疆罗布人 / 142

拉达部落突然消失之谜 / 146

爱斯基摩人消失之谜 / 149

·最·不·可·思·议·的·奇·异·部·落·

一、世界原始部落之谜

伪装成树的米凯亚人

◆ 米凯亚人

米凯亚人是马达加斯加原始居民的后裔,他们居住在岛屿西南部,约有100人。他们是游牧部落,遇到外人就躲起来,被称为"伪装成树的人"。

米凯亚人每隔两三天就换一个地方,他们居住的地方气温高达50℃,但由于干旱,他们每天只喝一杯水。他们捕猎刺猬,主要食品是一种叫"巴包"的植物块根。

以械斗为乐的雅利人

雅利人居住在印度尼西亚的伊里安查亚,他们从事农业,种植甘薯、山药、小米和芭蕉,捕捉蜥蜴、老鼠、青蛙和袋鼠,还养猪。

雅利人住的茅草房的房顶一直拖到地上。他们非常好战,经常与邻居达尼斯人械斗。械斗是他们的民族体育运动,械斗的人身上和脸上涂着泥土,不让别人辨认出来。械斗前举行隆重仪式,出征的战士戴着用天堂鸟羽毛制成的帽子,当众展示人的骨头。

臀越肥越美的布须曼人

◆ 布须曼岩石壁画

◆ 肥臀的布须曼妇女

布须曼人是南部非洲大沙漠最古老的居民，居住在南非的好望角。他们过着游牧的生活，有固定的被划分出来的土地，一般情况下，他们都在自己的领地内生活，很少有越境行为。沙漠生活，一年中没有多少天雨季，使人觉得那里是生命的禁区。然而，布须曼人世世代代在那里生活了几十个世纪。正因如此，他们甚至比骆驼还耐干旱，可以几十天，甚至几个月不喝水。

布须曼人与其他非洲人有明显区别，他们身材矮小，成年人身高1.2米左右，皮肤黄色或黄褐色。自幼就出现皱纹，头发黑而稀疏，卷成胡椒子状。面部扁平，颧骨突出，鼻子较宽、较扁，前额突出，眼睛较窄，没有耳垂。与众不同的

是，他们的脊椎骨下部通常弯曲并向外突出，因而臀部显得特别大，尤其是布须曼妇女，臀部和大腿特别粗，形成特殊的肥臀。布须曼人以臀肥为美，青年男子择偶时的重要条件就是看姑娘臀部到底有多大，是否够刺激。

布须曼人能歌善舞，狩猎之前，丰收之后以及各种仪式，庆典都有歌舞助兴。他们对少年男女的成年仪式非常重视。少女的成年仪式在初潮后举行，大约需要一个月的时间，期间禁食一些食物，由一个妇女专门负责她每天的生活。这一个月，是少女向成年过渡的桥梁，她要学习成年妇女应懂得和掌握的知识，特别是妇女生理方面的知识。"禁闭"结束后，她就离开少年时代开始成年妇女的生活，可以考虑结婚了。

男孩子稍大一点，就开始随着大人们狩猎了，但仍是孩子，只有当为他举行成人礼之后，他才算一个真正的男子汉，男孩子成人仪式也需一个月左右的时间，巫师首先在他们的额头上面刺上代表自己部落的特殊标记，随后，他们便离开亲人到灌

木丛中，去过一种隔绝式的独立生活，培养勇敢、智慧和团结合作的精神，通过锻炼使他们更加清楚作为一个布须曼男子所要具备的条件和社会责任。同时，他们还要学习本部落的"历史"——口头传说，布须曼人的历史就是这样一代代口头流传而形成的。一个月以后，少年就成了成年男子，他们一个个高高兴兴地回到家中，开始新的成年人的生活，至此，他们可以参加成年男子的一切活动。丛林之中的这段生活，给他们在人生道路上奠定了一个坚实的基础，今后无论遇到什么艰难险阻，他们都会不畏困难，勇往直前的。这种教育虽然仅有一个月时间，但它的影响将是永恒的。

嘴里放盘子的穆尔西女人

20世纪70年代，一位英国人类学家首次发现了穆尔西族，当时那里的人还不知道埃塞俄比亚是何地。时至今日，穆尔西人依然过着自由自在的生活。穆尔西人居住在埃塞俄比亚南部的奥莫山谷，是最引人注目的原始部落之一，没有领导者，遇到要与外族决战时则召开全族大会进行讨论。通常会看牛肠子占卜吉凶。穆尔西人有自己的语言，没有文字。

在埃塞俄比亚有不少奇特的现象，穆尔西部落妇女的大盘子嘴就是其中之一。穆尔西妇女用土盘子装饰自己，她们把一个烤干的土盘子（或者是木盘子）挂在嘴唇上。她们从10岁左右就开始练习往嘴里放盘子。开始往嘴里放盘子前要动一个小手术，用小刀将下嘴唇和牙龈之间切开一个口子，使下嘴唇与齿根分离。然后，先放一个小盘子把口子撑开，使其不再长回去。日后逐渐将小盘子换成大盘子。嘴唇自然越撑越大，最大的嘴唇能翻到头上把脸包住。盘子平时放在嘴里，吃喝时才摘下来。放盘子的痛苦过程伴随女孩成长为妇人。嘴唇戴盘子不仅是为了美丽，而且是财富的象征，盘子越大，嫁妆也就越多，姑娘的身价也越高。穆尔西人不怎么吃牛肉，因为牛是镇家之宝，饿得要死时才用它换粮食，或者孩子嫁娶时用牛

当彩礼。如果姑娘的盘子属于最大的那一种，那么她父母可以收到50头牛的彩礼，一下就成了富翁。

穆尔西人以大嘴为美、为荣的这个传统已无法考证，至今仍是个不解之谜。但人类学家研究说，这个传统有3种解释：一是古时人们为防止外族入侵者或奴隶主看上本族的姑娘，故意把她们打扮得吓人以保其纯洁；二是防止魔鬼从口里进入身体；三是女子美丽的标志。心理学家则解释说，人类有一种自残的本能，越原始的民族表现得越明显。自残的潜意识是要显示自己的存在和与众不同，保护自己不被历史淹没。

嘴唇穿木棍的佐埃人

佐埃人居住在巴西北部,过着自给自足的生活:捕捉猴子,采摘水果,种植木薯和甘薯。佐埃人在生活中遵守他们自己制订的规约,形成朴素的信仰,他们崇拜月亮,相信祖先住在月亮上,自称"月亮之子",常在有月光的夜晚载歌载舞,举行仪式,避邪驱祸,祈祷平安。

佐埃人总是赤身裸体,在下嘴唇上插一根小棍子。这根棍子穿透下嘴唇,而且随着年龄的增大而更换,越换越大,最大的长16厘米,直径约2厘米。厚厚的嘴唇虽然有点合不上,但并不影响说话和干活。

据巴西印第安基金会的专家说,佐埃人一生中差不多要换3次木棍,而更换的原因是身高增加。除了美观的因素外,人们插木棍还有其他的原因吗?答案现在还是一个谜。

太阳舞之谜

南美的印加人认为，太阳是他们的祖先，除了供奉太阳神外，每年夏季还要举行盛大的"太阳舞会"。

舞场用杆子圈成圆形，中间竖立一根挂满羽毛兽皮的"太阳柱"，柱下放着用野牛头盖骨砌成的祭坛，人们围着它狂热地扭着身躯，自始至终目不转睛地瞧着"太阳神"，还有些狂热的信徒则把自己吊在"太阳柱"上，以示虔诚。

◆ 印加人遗址

◆ 土著舞蹈

360° 全景探秘 >>>>
最不可思议的奇异部落
ZUIBUKESIYIDEQIYIBULUO

◆ 印加人的石床

离婚女子身上抹牛粪之谜

乌干达的卡拉莫贾族人夫妻离婚时,必须履行以下"手续",妻子趴在地上,丈夫手执盛满清水的葫芦瓢,往她身上泼水"净身";接着女方家长退还聘金,男方还其公牛一头。最后,女方父亲当众将牛

◆ 卡拉莫贾农田

杀死,并掏出大肠里的牛粪糊在女儿身上,谓之"脱胎换骨,重新做人"。

从此,双方脱离夫妻关系,各自另行婚配。

◆ 卡拉莫贾妇女

最不可思议的奇异部落
ZUIBUKESIYIDEQIYIBULUO

·最·不·可·思·议·的·奇·异·部·落·

二、世界另类部落之谜

恐龙人部落之谜

◆ 扎伊尔原始森林

◆ 恐龙人

近百年来，人们在世界各地陆续发现了一些稀有人种，这些人种的存在，促使我们开始对人类和生命的起源问题进行更深入的思考。

人类的起源问题，是一个古老的问题，达尔文的进化论中关于人类起源的假设，并不能最终解决这个人们一直关心的问题。人类究竟是从哪里来的呢？

1996年5月7日，美国科学家在南极洲发现了2亿年前的人形化石。无独有偶，法国巴黎大学植物学教授拉坦博士在非洲扎伊尔的原始森林中，发现了一个奇特的人种部落，他们的椎骨都突出体外，有的达几公分，与食肉恐龙的脊椎骨很相似，被称为"恐龙人"。

拉坦博士推测，这些人"似乎是从史前爬行动物直接演化而来的"。恐龙人的祖先是谁？恐怕不会是猿类！因为迄今为止地球上还没有发现背上长角的猿类。那么他们到底是不是人类呢？到现在依然是个谜！

蜥蜴人之谜

　　1958年，美国国家海洋学会的罗坦博士，在大西洋3英里深的海底，拍摄到了一些类似人的奇妙足迹。1968年，美国迈阿密城的水下摄影师穆尼，在海底看见一个奇怪的生物，脸像猴子，脖子比人长四倍，眼睛像人但要大得多。20世纪30年代，人们在美国南卡来罗纳州比维市郊的沼泽地区，多次发现过"蜥蜴人"，它们高达2米，长一条大尾巴，每只手仅有三根手指，可以直立行走，力气惊人，能轻易掀翻汽车。这些生活在水中、沼泽中的类人生物，其祖先又是谁呢？还有待科学家考察！

图皮人、鸵鸟人之谜

图皮人部落之谜

在厄瓜多尔境内亚马逊河原始雨林中,人们曾发现过一个原始部落,他们身体的其他部位与人无异,只是两眼外突,手脚似蛙脚,趾间有短蹼相连,人们称其为"图皮人"。

鸵鸟人部落之谜

◆ 鸵鸟人

在非洲南部还发现过"鸵鸟人",他们的脚趾只有两根,形成夹角,有趾甲,有的趾中有短蹼。这些人是从哪里来的呢?他们是怎样生活的呢?我们还不得而知!

"顺风耳"部落之谜

非洲的马斑族人有着惊人的听力,是举世闻名的"顺风耳族"。他们可以在100米之外听到他人的窃窃私语。

◆顺风耳族

蓝色人部落之谜

美国加利福尼亚大学工学院的生理学家韦西在智利安第斯山脉探险时,在澳坎基尔查峰海拔6600米处发现了蓝皮肤的人种。不单是南美洲,喜马拉雅山和非洲西部地区也曾发现过蓝皮肤的人种。如果按人种来说的话,这是一个全新的人种。

在非洲西部山区,一支考察队正在对这里进行自然植被及野生动物的考察及研究。一

◆ 曾经发现有蓝色人生活的地方

天，探险队正穿行于一片茂密的树丛，忽然，他们看见在树上的缝隙中有几个人影一闪而过。这是什么？他们怎么会居住在这里呢？

强烈的好奇心驱使着他们要弄个明白，于是队员们悄悄地跟了过去，在不远处他们看见有几个像原始人一样用兽皮、树叶遮体的人，仔细一看竟发现这些人的皮肤是淡蓝色的。

◆ 安第斯山脉

世界上竟有蓝色的人种？考察队员们简直不敢相信，于是他们决定做进一步的调查。经过几天的努力，他们发现这些蓝皮肤的人，是居住在洞穴之中的庞大家族，过着狩猎的原始生活，他们又发现这些奇特的人不但皮肤是蓝色的，血液也是蓝色的。这些奇特的蓝色人，像机灵的猴子一样，行动特别敏捷，令人难以与之相比。

还有一位美国生物学家考察喜马拉雅山时，在6000米以上高度发现了蓝皮肤的僧侣，令人吃惊的是这些蓝色的僧侣，在这空气十分稀少的高山上竟然谈笑自若，还能做笨重的劳动。

这一系列蓝种人的发现，说明在地球上除了黄、白、黑、棕这四种人种之外，蓝色人种也该占有一席位置。然而更令人奇怪的是在世界上黄、白、黑、棕这四种人，血液都是鲜红色的，蓝色人的血为什么会与他们的皮肤呈相同颜色呢？

一种说法是，皮肤颜色和血液的成分关系密切。红色的血液是由于血液中的红细胞中含有一种红色蛋白质—血红蛋白，因而使血液呈现红色。而蓝色人的血液中有一种"超高血型蛋白"，却缺乏一种控制这种蛋白增长的酶，所以血液呈蓝色，皮肤也呈蓝色。另一种看法认为：蓝血人是由于某种"特殊病态基因"造成的。

一些美国科学家提出：在血细胞内，血红蛋白质负责输送氧气，当氧气充足时，血红蛋白会呈现红色，所以常人血液皆为红色；当缺乏氧气时，血红蛋白就会成蓝色。蓝色人全身蓝色，可能是高山缺氧所致。他们在研究中发现，蓝种人的血液血红素大大超过正常人。这大概就是他们能适应高山缺氧环境的原因。还有一些科学家认为蓝色人的形成可能与血液中缺乏铁元素而铜元素过多而造成的。

科学家们从不同的角度出发各抒己见，各执其理，互不相让，蓝色人种、蓝色血液之谜在这纷纭的争论中，难定谜底。

男人、女人部落之谜

女人部落之谜

南美的巴西有一个女人部落，人称"女儿国"。这个"女儿国"之所以能繁衍生存，是因为这里的女人每年有一次同外部世界的男人们接触几天的机会。一年后，外部世界的男人们重返"女儿国"，领走"女儿国"中的男孩，而把女孩留下。为什么这里的男人不能呆在部落里，只能出去到外部世界呢？还有待专家的进一步研究。

◆ 女人部落

男人部落之谜

在希腊的一座山上有一个"男人国"。在这个"国家"里居住有1000名男人，全是从

最不可思议的奇异部落

◆ 男人国的修道士

世界各地来过隐士生活的东正教徒。

这些教徒不但禁止女人来这里，也不让任何雌性动物进入。他们除祈祷外，主要从事耕作和种植业，并接受男士来客的馈赠。他们的生活十分简朴。

盲人部落之谜

墨西哥马德雷山区的原始森林里，至今还隐居着一个奇怪的部落——"盲族"，顾名思义，部落里的三百多人全部都是瞎子。这些盲人并非先天失明，刚出生的时候也都有一双明亮的眼睛，但3个月后就逐渐失明了。

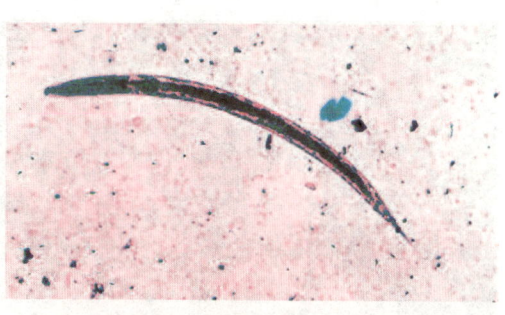
◆ 能致人失明的尾线虫的切片

对这一奇特的现象，科学家们经过不断探索，终于发现，原来是当地的一种尾线虫在作怪，这种尾线虫通过黑蝇叮咬人体后，进入血液，在人眼处集中繁殖，使视觉神经受损而失明。

哑巴部落之谜

◆ 印第安哑巴部落

在南美洲玻利维亚西部丛林中，居住着一支印第安族的克楞加人。他们以狩猎为主，仍过着原始生活。令人奇怪的是，这个部落没有一个人会说话，全部都是哑巴，互相之间的交流只是靠一些简单的手势来完成。经科学家研究发现，该族人的舌头特别奇怪，声带的自然压缩部分不能发声，因而这个"哑巴族"也就无法产生语言，久而久之，形成了他们特有的"手势语言"。

裸体部落之谜

　　澳大利亚南部的沙漠地带,土著人全都居住在洞穴里。洞穴里有石桌、石凳、石碗、石床,木剑、木梭、木叉……土著人在洞穴里都赤着全身,一丝不挂,男女老少在这相通的洞穴里来来去去,犹如村落。

懒人部落之谜

在马来西亚半岛被原始森林覆盖的高地上,有一个土著人的村庄。这里的人既不耕种,也不捕猎,完全靠政府每月一次的空投食物、日用品维持生活,如果没有政府救济,他们就无法生存,这可真是一个不劳动,饭来张口、衣来伸手的"懒族"。

鸟语、狗面、不笑、"晕陆"部落之谜

鸟语部落之谜

在印度尼西亚的热带雨林中,有个只有十余人的小部落。他们皮肤呈棕红色,头发卷曲,男女都赤身裸体。令人惊奇的是,他们的语音都似鸟叫一般。

狗面部落之谜

在菲律宾吕宋岛和马来半岛上,有个脸型像狗的民族,被称为"狗面族",他们身材十分矮小,一般不超过1.5米,男女几乎全裸。他们会使用弓箭狩猎,并采集野果、蜂蜜。

最不可思议的奇异部落

不笑部落之谜

斯里兰卡的费达族人从来不会笑,也没有笑脸,人们曾经多次想用令人捧腹的滑稽节目使他们笑,结果也是白费劲。费达族人为什么不会笑呢?原来他们天生没有"笑的神经"和"笑的功能",因此成了世界上最"严肃"的民族。

"晕陆"部落之谜

在菲律宾和印度尼西亚广阔的水域间,生活着一个"晕陆"的民族,他们长期生活在海面的小船上,不习惯陆地生活,一旦上岸便头晕目眩,站立不稳,如同喝醉一样。

吃泥部落之谜

尼日利亚东北部的伊博族，有种古老而奇特的婚俗，那就是胖姑娘方可嫁人。在这个部族的青年男子眼里，胖姑娘才美，才能被称为"贤妻良母"，所以这个部落的女子出嫁前都千方百计将身体养胖，否则就难以觅得如意郎君。

而当一位男子相中一位姑娘时，他便要接受一顿棍棒的"严峻考验"。按照伊博族的传统风俗，男子向姑娘求爱时，女方的亲属要用棍棒将他痛打一顿，以考察他对姑娘的真诚程度和能否成为好丈夫，一个堂堂男子汉如果经受不起这样棒打，他不仅是个懦夫，以后也不可能成为好丈夫，姑娘决不会和这样的男子结为夫妻。所以，伊博族小伙子为获得姑娘的爱慕之心，即使接受棍棒之苦也在所不惜。

◆ 伊博族的肥胖姑娘

在伊博族，还有一件怪事，那就是人们吃泥土成习惯。泥土以批发零售的方式，在集市上公开发售，销售量还不小。有些人把它视为治疗呕吐及痢疾的特效药。很多孕妇为了吸取泥土中含量成分极高的钙质，经常大口嚼食泥土。当小孩子出生后，其母亲在一个月内不得吃泥，以后每隔一个月吃一次，而且每次吃泥的时间必须是该月的第一天，这样坚持一年便可保证其孩子长大后五行不缺土，而且也会变得聪明。一年过后，其母亲吃泥的时间则由自己确定了。

伊博人为什么要吃泥？吃泥与长胖是否有种奇妙的因果联系？这些一直困扰着科学工作者们，但是至今还没有找到明确的答案。

·最·不·可·思·议·的·奇·异·部·落·

三、恐怖吃人部落之谜

食人部落人吃人

在人类学领域一直存在人类是否经历过"人吃人"阶段的争论。古希腊的历史学家希罗多德大概是第一个记载"人吃人"现象的人。世界各地都曾发现过有关"人吃人"的记录，比如中美洲的阿兹台克人和古印度人，他们把吃人作为一种宗教风俗。

食人行为在部落社会久已存在，西非和中非、美拉尼西亚、新几内亚、澳洲等部分地区、新西兰毛利人、波利尼西亚若干岛屿、苏门答腊部落地区以及南北美各部落地区，均曾盛行，主要形态不外乎三点。

新几内亚妇女在葬礼仪式上会吃过世亲戚的脑。称为"肉食人行为"或"葬礼食人行为"。亚马孙瓦利族直到1950年仍在葬礼上食用过世亲友，认为这是对亲人的尊重。瓦利人视食人行为为慈悲：解救亲人不致腐烂遭弃。食人的另一行为——吃食敌人或陌生人。阿兹特克族的宗教宇宙论认为太阳神必须以人心和人血滋养，

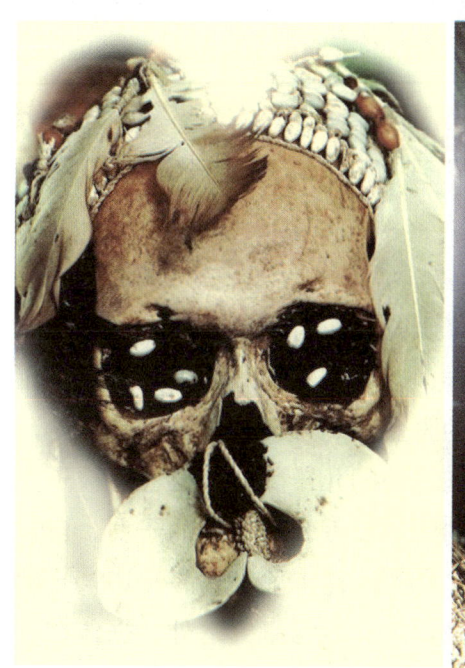

如果不啃噬敌人，他们的世界会瓦解。

"药用食人行为"在西欧一直盛行至17世纪，摄取人类身体，尤其将头盖骨、手指和手磨成粉，被认为可驱走疾病。

食人部落的社会分析

◆ 中非皇帝博卡萨

有研究者认为,食人就像乱伦和纵欲一样,在所有文化中都是无法度、无文化的野蛮人的特征。古希腊神话中,天神和地神的儿子因听信自己将被子女推翻的流言而吞食了自己的子女。自封为中非皇帝的博卡萨(1921—1996)除了骄奢淫逸和残忍暴虐之外,据传在首都班吉的冷藏柜里存放着供他个人食用的尸体。

"虎毒不食子"是中国名言,"人不食其同类"是罗马人的格言。禁食同类的禁忌应当怎样解释呢?1998年,美国著名动物学家戴维·普芬尼希从遗传学角度发表了对这个问题的研究成果:吃同类动物,有被潜伏在同类机体内的病菌

恐怖
吃人部落之谜

感染或杀死的危险。他们认为，病毒和细菌更容易感染同类，而不是另外一类。

也有科学家认为，食人现象与罪恶心理和某些生理过程有关。罗马大学精神病理学家指出："一个人对他所爱的人说'我要吃掉你'，表达了一种希望完全占有对方的欲望。但是，如果这种冲动发展为病态，就会导致人吃人的犯罪行为。"

除了罪恶的心理历程外，是否还存在一个可能使正常人变成吃人恶魔的生理过程呢？研究人员曾把一只食肉鼠关进黑暗封闭的实验室进行实验：食肉鼠的攻击性增强，能够杀死偶然同处一笼的同伴。同样，一个人的身体和心理处于与世隔绝的状况，也会产生攻击行为。另外一个实验在非隔绝状况下进行，让食肉鼠服用一种几乎能使大脑血清素（神经递质）浓度为零的对氯苯丙氨酸，结果它的攻击性增强。人也是如此。

"吃人"，首先是基于欲望，欲望，首先是食欲。捷克动画大师史云梅耶的电影作品《树婴》讲述了一个关于食欲的童话：一个树根孩子因为永远无法满足的食欲，不停地吃，不

◆ 斐济人

停地吃人，吃陌生人，吃邻人，吃亲人（自己的父母），吃……大量实例表明，人吃人行为往往发生在食物匮乏时期。

但是，饥荒时期，有的部落也并不吃人，即使吃人，吃人的欲望也并非仅源于饥饿，还有可能源于：政治野心、男性威权、供养神灵的欲望……例如斐济人的食人风俗中有明显的性欲内容和生殖器崇拜的主题；易洛魁人对牺牲者施以酷刑，发泄的是复仇和暴力的欲望，而吃掉牺牲者，是为了平息失去亲人的忧伤……

"吃人",还与人的身体观、世界观、生死观密切相关。胡亚人的生命起源于神话中:始祖罗科在房子里发现一个庞然大物库尼,有五官,但七窍紧闭,有手足,但不能动弹,罗科拿出小刀,切开库尼的嘴巴和眼睛,并给他吃了盐、坚果和生姜,于是库尼的头脑被唤醒了……因此,胡亚人相信,没有孔窍的身体一片混沌,而身体的通道被打开之后,体力和生命精髓才能出入身体。所以"死亡是新生命的传递者"而"生存就意味着彼此为食"。与胡亚人的身体观不同,夸扣特尔人的神话和仪式表达了人类不仅需要相互间的依赖,还要依赖

最不可思议的奇异部落

外在的自然环境，与动物彼此依存。夸扣特尔人认为，人和动物是同一个灵魂的连续化身，一个日薄西山，另一个再生，冬天出没的吃人的动物，夏天就成为被人捕食的猎物，而"任何想获取食物的人也必定会成为食物"。这种"物齐于人"的原始思想，提醒我们思考：人类究竟是要征服自然，努力开掘占有一切资源，还是要与自然和平共处，用有限的资源过文明的生活。

尽管已经有了足够的人吃人的证据，但人们还是不能明白这种行为的真正动机，人吃人的现象，依然是一个谜。

食人岛之谜

辛巴达传奇故事中最著名的是"海上老人"和"食人岛",英国人薛弗林认为它们很可能源于中古时代航海者在苏门答腊的经历。1980年11月某日,他指挥阿曼酋长国的船员乘坐"苏哈尔"号出发,对这些传说中神奇的事物进行了实地考察研究。苏门答腊位于马来半岛西岸外,是一个像粗大狼牙棒那样的大岛。

在"海上老人"的故事中,辛巴达沉船后遇见一个坐在溪涧旁边、全身毛茸茸用树叶遮体的动物。辛巴达以为那是个老头子,便把它背在肩上,帮他渡过溪流。岂料到达另一边,那个从不说话的家伙不肯下来,只做出手势和发出咕噜的声音。它用双腿紧缠辛巴达的脖子,几乎令他昏厥,然后把他当牛马驱使。它一面吃树上的果实,一面夹住他、打他。辛巴达后来发现这个役使他的动物双脚皮肤既粗且黑,是一头野兽。过了几个星期,辛巴达诱骗那家伙喝下发酵的果子汁,等它喝醉后将它杀死后逃走。薛弗林指出,

◆ 动画片中的英雄辛巴达

"海上老人"的形象和苏门答腊特产的一种颇有智慧的猩猩极为相似。这种猩猩似身躯萎缩的老人,脚上皮肤粗黑,日常以果实充饥。虽然动物学家认为这种猩猩是胆怯的动物,但居住在荒僻森林村落中的苏门答腊人,至今仍害怕这种动物,认为是非常危险的似人生物。

"食人岛"故事中辛巴达及其船员流落到一个奇怪的岛上。薛弗林认为这个岛也是苏门答腊。故事中他们被带到一个村庄,那里的土人似乎对他们非常友善,送上丰富的食物款待他们。所有人中,只有辛巴达感到这种慷慨事有蹊跷,因此一点东西也不吃。后来辛巴达看见同伴一个个神志不清,更深信食物中掺了麻醉药物。日复一日,水手越来越胖,整天昏昏欲睡。最后,辛巴达看见族长的盛宴中有人肉时,才发觉这些主人的不良动机,于是设法逃走。这时想拯救那些被麻醉的水手已来不及了。他最后一次看见属下的船员时,只见他们在田野中手脚爬地,在牧人看管下像牛群

◆ 苏门答腊红猩猩

◆ 美丽的苏门答腊

一样吃青草。

据薛弗林研究，食人习俗在中古时代印度尼西亚群岛并非罕见。在这个直接与苏门答腊岛有关的故事中，最突出的一点就是用药物麻醉受害者。薛弗林说，苏门答腊北部地区，大麻至今仍是烹饪时采用的一种香草。他认为苏门答腊是前往附近一个香料港口的必经途径，而当时阿拉伯人又经常到各个港口交换阿拉伯人制药普遍采用的棒脑，所以他们一定会接触过食人族及食人族使用的麻醉药。这些经历极可能成为构思"食人岛"故事的素材。

恐怖
吃人部落之谜

以人肉代替家禽的刚果食人部落

2003年5月6日，刚果（金）伊图里地区的布尼亚发生了异常惨烈的种族冲突。赫马族和伦杜族部落为争夺金矿发生火并。小镇居民纷纷逃离。联合国军事观察员约旦的萨夫瓦·奥兰少校和非洲马拉维的锡顿·戴维斯·班达上尉也从原比利时金矿老板住宅的暂住处提包准备离开。谁知就在此时，伦杜族士兵逮住了他们，指责两人与赫马族勾结，不分青红皂白地把他们抓走了。5月19日，这两名维和人员惨遭杀害。联合国调查人员说，非洲部落战斗事件时有发生，但还是第一次出现在维和人员身上，当联合国维和人员收回他们的尸体时，简直惊愕至极。尸体上到处是被香烟烫伤的伤痕，头部遭到了枪击，内脏包括性器官全部被切除。联合国谋杀调查小组分析认为，这两名维和人员生前遭到了惨无人道的拷打与折磨，被枪杀谋害后，他们的器官又被人分食殆尽。尸检发现，他们俩都惨遭开膛剖腹，心肝和其他器官都被取走，甚至连他们的生殖器都不翼而飞。也许死亡是对他们的最大安慰。

最不可思议的奇异部落

◆ 激烈的种族冲突

在20世纪60年代刚果内战时期,吃人肉和其他残暴行为的报道曾经震惊西方世界。然而实际上,在中部非洲吃人肉的事一直是公开的。1897年,一位人类学家对刚果人不加掩饰的同类相食的本性印象深刻:"小火轮上的船长们常向我断言,无论何时他们想从当地土著居民那里购买山羊,当地人都要求用奴隶交换。土著人常带着象牙光顾船上,有意购买奴隶,抱怨说在他们的周围地区肉源减少了。"

在刚果,同类相食与礼仪、宗教或战争无关。这只是一种饮食上的喜好。在这一地区呆了20年的霍尔曼·本特利牧师认为当地土著人并不理解人们为什么反对他们的这种做法。"你们吃家禽山羊,我们吃人。为什么不可以?有什么区别?"他们坦率的态度令观察家们大为惊讶,也正是这种坦率的态度导致了这些奇怪的习俗。

西印度群岛的吃人族

从新世界被发现时开始,据称为目击纪录和可怕的吃人习俗的谣言,一直就在向旧世界传递着。哥伦布本人曾描述过"西印度群岛的加勒比印第安人是可怕的吃人族"。拉巴神父,一位法国传教士,1694年站在马丁尼克的海滩上,这时,一船加勒比印第安人向海滩划来。当他们招手向这位好心的神父问候时,他注意到,另有支与身体没有任何连接的胳膊也在向他招手。"那是一支按烧烤法烤出来的胳膊,"拉巴神父说。"他们非常有礼貌地让我吃,并告诉我说是一个英国人的胳膊,他们刚刚杀死了这个英国人。"拉巴神父是很虔诚的

◆ 恐怖的食人族

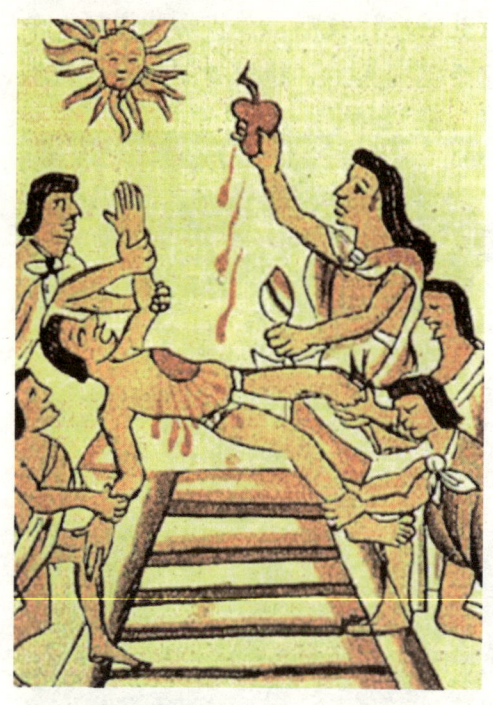

◆ 阿兹特克人的人祭

人,他拒绝品尝烤制的英国人。

西班牙的征服者们报告人肉的吃法时说,一些阿兹特克人喜欢用烤辣椒和西红柿来煮人肉,而另外一些喜欢用人肉炖玉米。巴西食人族喜欢用树叶熏制人肉。人体的哪一部分肉最好呢?有人选择屁股;还有人选择乳房。一次,有位葡萄牙耶稣会士问巴西一位垂死的印第安老妪说,他可以为她拿些什么东西来的时候,她回答说:"啊,我的胃极不舒服……如果塔仆雅小男孩子的嫩手我能够吃一点的话,我想我只要吃一点小骨头就行了"。

神秘的吃人宴会

在美国西南部科罗拉多州的一个12世纪的村庄遗址,科学家发现一个恐怖的现象:这个村落举行过一个吃人宴会后突然而神秘地消失了。这个发现第一次证实了多年的疑团:在有文字记载的历史之前,北美印第安人有吃人肉的习惯。

◆ 举行过吃人宴会的山洞

◆ 食人部族的遗址

这个村庄叫"牛仔洼地"(cowboy wash),主要由3个石屋组成,坐落在科罗拉多州的西南部,是印第安人遗址的一处。大约在1150年,这个村庄的居民突然离开这里,食物吃了一半,锅、饰物及其他有价物(这些东西在部落转移时通常会被带走)仍留在那里。房屋的周围狼藉散落着几千块人类骨,七个成人的遗体,有男有女,年龄各异,在火堆的灰烬里还发现烧焦了的牙齿和骨头。研究人员发现:这些尸骨有

最不可思议的奇异部落

的已经断裂，并被撒了一地，而当地的土著人通常把尸体埋葬在室外，并将之蜷曲成胎儿状。而且七名年龄各异的男女骨骸上有刀切割的痕迹。在该村的其他两处洞穴里也有类似情况。事实上，科学家们早就认为史前存在人食人的现象，但一直没有确凿无疑的铁证。科学家们还在该遗址上发现了一块人的干粪渣，以及一个煮食用的罐子。通过对这些遗物在人体蛋白肌球素的检测，其结果呈阳性。而最有力的证据是在一个洞穴中，发现了埋在地下的腌（人）肉，蛋白肌球素检测的结果，还是呈阳性。在这

◆ 科罗拉多州

里，蛋白的检验非常的关键，由于人已被吃了，从残骸本身并不能分辨出什么，只有人体蛋白能证明一切。

科罗拉多大学病理学副教授理查德·马拉对食人行为和动机的解释，认为可能是由于食物匮乏，或是某种文化原因，也有可能是社会病态。马拉说，"牛仔洼地"并不是发现史前人食人现象的唯一地区。在犹他州，新墨西哥州和科罗拉多州的其他地区，都曾有食人的遗迹。同样找到了有割痕的人骨和蒸煮器皿。但据我所知，都没有出土被掩埋起来的肉。

但是，对于在人类粪便里发现只有人体中才存在的蛋白质残留物，从而得出人体曾被屠宰烧煮和食用这样的结论，一些专门研究美国西南部的考古专家和现代印第安普布隆部落人士坚定地否认食人现象的存在，他们坚持认为，这可能是分解尸体为死人释放灵魂的仪式，或由巫师处死，或杀死战俘等而不是食人。

南加州大学考古学家比尔曼教授认为，人吃人的现

象可能与严重的自然灾害有关，这些食人肉的古人可能是出于饥饿才袭击这些被杀死的居民。当地植物和树木稀少，证明在遗址居住过的居民曾经历过严重的旱灾。

　　一家负责建立灌溉系统的公司职员证明了比尔曼博士的论断，他说，他们在工地现场挖掘时，很少发现史前人留下的食物。他还说："我们认为人吃人的现象可能发生在春季食品短缺的时期。我们在现场没有发现任何储藏食品的迹象，没有玉米、豆子，也没有南瓜，而这些是当地人的主要食品。有迹象表明，他们吃过通常不作为食物的树皮和草根。"

◆ 吃人现象产生的原因之一——干旱

骇人的毛利人

◆ 面部刺青的毛利酋长

啃骨魔是部落的酋长同时又是祭师,他可以利用祭师的权威对一些人或物用"神禁"来保护。

"神禁"是土人的风俗,一个人或一件东西被"神禁",就不许任何人接触或使用。按照毛利族的教规,谁伸出亵渎神的手触及"神禁",就会触犯神怒,被神处死。

"神禁",除了在若干日常生活的场合有固定习惯外,一般都由酋长根据政治的目的随时宣布。一个土人在许多的情况下都可以受到好几天的"神禁",比方说,在剪发的时候,在绣花的时候,在造独木船的时候,在造房屋的时候,在他患重病时或死的时候。假使河里捕鱼的人太多了,鱼养不起来,或者地里种的甜芋刚成熟时怕人践踏,为了经济上的目的,这些东西也可以用"神禁"来保护。一个土人犯了"神禁"的时候,在一定时期内有些食物是不准吃的。过了这种严格的禁食期,他们的手还不能摸食物,如果他是富人,他就叫奴隶帮忙,把食物送到他的嘴里;如果他是穷人,他就只好用嘴叼着吃,"神禁"使他变成一只畜生了。

总之,这种神奇的风俗在约束、操纵新西兰人最细小的行动。这

360°全景探秘

恐怖
吃人部落之谜

◆ 毛利姑娘

◆ 毛利人的木屋

也是神对社会生活不断干涉的表现，它具有法律的力量。

毛利人相信，一个人死后3天内，灵魂不会离开死者的身躯，因此要经过72小时尸体才能埋葬。到第3天，几百毛利人都聚集到堡上，个个都静悄悄的，不声不响。

啃骨魔从屋里出来，后面拥着一些部落首领，他们走到城堡中央2米多高的土墩上。土人在土墩后面排成半圆形。全场沉默。这是要举行葬礼和随着葬礼举行的血祭。尸体停在堡中心的一个小土墩上，穿着华丽的寿衣，外面裹着一层漂亮的草席，头上插着羽毛，戴一圈绿叶。面孔、胳臂和胸脯都擦着油，一点看不出腐烂的样子。亲友们都走到土墩脚下，响起一片哭声，新西兰风俗规定如果男人死了，妻子决不能把丈夫一人丢在坟墓里。这时死者的妻子出场。她头发散乱地披在肩上，一面啼哭，一面颂扬死者的品德。哀痛到极点时，她躺到土墩脚下，把头往地上撞。这时，啃骨魔走到她眼前。她一下子又爬起来，酋长手里舞动着大木槌，一下子就把她打死了。立刻一片骇人的叫声又响起来。两具尸体并排躺着。接着，又有6个可怜的奴隶被带到主子的尸体前。6名精壮的战士高举

6个大木槌，一齐打下去，顿时6个牺牲品都倒在血泊中了。随着一声信号，吃人肉的一幕开始了。奴隶的尸体是没有受"神禁"的，因此，它们是分赏给哭丧的人的一种酒钱。所以祭礼一完，所有的土人，都像发疯一样，扑到奴隶的尸体上来。接着，丧礼的舞蹈节目开始了。一种用"极品椒"酿成的烈性酒，更增强了那些土人的狂醉。啃骨魔给众人一个小时的时间，让大家吃喝痛快后，再依习惯的仪式继续进行朝礼的最后一幕。死者夫妇的尸体被抬起来了，依照新西兰的风俗，手脚都弯过来，贴着肚子。现在要埋葬了，不是永远就这样埋着，只是埋到土地把皮肉烂完只剩下骨头的时候。有人抬来2只很原始的轿子，那是两个软兜，摆在土墩脚下。尸体蜷曲着，用藤箍支着，他们的手脚放到软兜上。4个战士把轿子扛上肩，全部落的人又嚎着丧歌，排成队伍，跟在轿子后面，直送到墓地。

一个普通毛利人的坟墓只是一个坑和一堆石头；而酋长则有一座和他生前名誉地位相称的大坟墓。墓地外围着一道栅栏，墓穴旁边还有许多桩，桩上刻着人物，涂得鲜红。死者的亲人们并没

◆ 毛利女王的葬礼

有忘记，死者的灵魂是要吃东西的，所以墓穴里放了许多粮食，和死者的武器、衣服摆在一起。墓里一切享用的东西都布置齐全后才把尸体放下去，并排躺着。接着，又哭一阵，就用土和草把尸体掩埋起来。到此，送殡的队伍沉默地下了山。从此以后任何人也不能再到这座山上了，谁要是上去就要死，因为它是受了"神禁"的。

360°全景探秘

恐怖
吃人部落之谜

骇人听闻的倮人

　　倮人，在国家民族识别时被定为彝族的一个支系，但其民族习俗和语言，却不同于本民族的其他支系，至今仍传承着许多原始的生活习俗与稻作文化。

　　倮寨村主任和寨里的人都说他们是"砍头倮"和"食人倮"的后裔。"砍头倮"是花倮人的祖先，"食人倮"是白倮的祖先。传说花倮人的祖先死后，要把头砍下来，供在神龛上。而白倮的祖先却是在人老后（大约六七十岁）把人像牲口一样杀死，然后肢解躯体，将人肉分给全寨人吃。

　　传说倮寨有个小姑娘，一次在山上放牛，看到一头母牛生小牛犊，痛苦地趴下卧倒又站起，反反复复，流了好多血，才把小牛犊生下来。小姑娘看到母牛流泪、痛苦，生下小牛犊后又表现出非常的母爱，十分感动。由此她联想到了母亲生自己，体会到母亲的痛

◆ 花倮风光

苦和母爱，她很后悔吃别人家老人的肉，于是痛下决心，要侍奉母亲到老死，而且不再吃人肉。可是祖辈传下的规矩，她一个小姑娘是无力改变的。于是从那时起，小姑娘每次接到别人家分来的老人肉，都做上记号，用竹条串着挂起。时间慢慢过去，一天，全寨的人都到她家来要分吃她母亲的肉，姑娘不允。寨里人恼了，要她赔他们家老人的肉。姑娘取出多年保存的各家老人的肉还回去，并言之以理，动之以情，把自己的感受讲给了寨里人听。姑娘的深情和觉悟首先得到中年和将老的寨人的支持和拥护，年轻人也很受感动。于是在姑娘的倡议下，他们不再吃人肉。为了答谢全寨人的理解和宽容，姑娘特地把自家的老牛牵出来杀了给众人吃。倮寨人高兴地吃着牛肉，从此便在老人死后，用杀牛替代杀人。"吃人族"也就成了倮人的历史。

恐怖
吃人部落之谜

一把斧头劈成的屋

◆ 倮人的现代化

倮寨是简朴得近似原始的建筑物。倮寨全是干栏式的两层木楼建筑格式，一楼一底，于二层开厦，底层不满围，楼板梯设在房屋的正面，梯的两边为简单的木条式或花栏式走廊。楼用板壁隔为数间，全家食宿在楼上，楼下关牲畜和堆放杂物。白倮一般不置床，就在火塘两边铺牛皮或草席而卧，晚铺早收。

在倮寨，不论建筑面积多大，白倮男人都是只用一把斧头劈到底，不仅能完成整栋房屋的建造，还能做出工艺精美的花廊走道。倮人的房屋建筑东西两侧还多出一个飞檐，象征着祖先神鸟的翅膀。

美丽的少女是光头

倮人奇特的生活习俗，至今仍保留着大量的原始生活痕迹。倮寨的小男孩几乎都剃着光头，只在后勺上留一撮头

最不可思议的奇异部落

◆ 白傈女子的服饰

发。小女娃都戴着头帕,而头帕下面却是光头,只有脑门前留着一小撮两寸左右的头发。

勤劳善良的傈寨妇女

清晨伴着鸡鸣,傈寨就响起了匆匆的脚步声。一大早,傈寨的妇女就来到井边挑水,把家里、石槽水缸里的水挑满,为家人做早饭、洗衣。过去傈人认为身上穿的衣服沾着人的灵魂,怕洗衣时把魂给洗走。所以不经常洗衣,每次洗衣都要喊一次魂。随着电视进入家家户户,傈寨人才改变习俗,常洗衣了。

傈寨妇女背柴很有自己的特色。她们背柴的背带不是系在腰上,也不是用肩背而是用头顶(背)。头上背着那么大捆柴脚上还不穿鞋,光着脚丫健步如飞。傈寨妇女不但要下田干活,收工回来还要搬着小凳坐在房前纺纱、织布、蜡点。在傈寨,一个妇女从当姑娘时起,就开始织布为自己准备嫁了。

◆ 花傈女孩

俫寨的土织布以白色和深蓝色为主色调格配成井字形,做男人的头帕很漂亮,颜色也很协调。俫寨人的服饰图案也反映出基本民族稻作文化,如她们在织棉中常常把对五谷的崇拜织在图案中。俫寨蜡染是世上一绝。姑娘们不用绘画,就可直接在自纺的白布上点蜡成画,且精巧美丽。

神奇的民族祭祀与节日

俫人崇拜太阳,信仰万物　◆ 荞菜节

最不可思议的奇异部落

有灵,以为遭灾遭祸是神鬼作怪,要请巫师驱鬼神。逢年过节要斋祭祖先,倮人祭祀十分隆重。在神房里先用大锅烤好两个大块饼,并用米筛子装好供在条桌上,然后再装上一大碗饭和一碗肉菜,倒上三大杯酒放好三双筷子,准备祭祀。室外,几个壮年男人吹起牛角和海螺。神房内祭祀完后,男人们敲锣打鼓,来到树林里。妇女们则早已在地上用长大板当桌子,用碗装上彩色米饭和菜,放上酒,等男人们来喝。此时的祭祀活动已转向娱乐,同时,祭祀活动进入最高潮。倮人的节日最热闹的要数"荞菜节"。荞菜节在当地又叫"过荞年"。即每年农历四月的第一个龙日为荞菜节。倮人的荞菜节如同汉族过大年,是祭祀祖先、娱神娱人的盛大民族节日。

荞菜节这天,男女老少都会换上自己手工缝制的新装,倾屋而出,在古树林里过荞年。男人们挥舞着有力的手,敲响了巨大铜鼓。姑娘们踏着欢快的鼓点,摆手扭腰跳起优美的舞;孩子们像燕子一样叽叽喳喳在人群中穿梭跳跃;老人们则聊家常、忙祭礼。节日的快乐通宵达旦,夜以继日。与其他地方不同的是,倮寨人在节日里天地同乐、人神鬼同欢。鬼神戴的面具形式怪异,色彩如非洲的斑马,且多是女人装扮。

恐怖
吃人部落之谜

吃皮靴的斐济食人部落

一百多年前,一位名叫托马斯·贝克的英国卫理公会派传教士和他的8位当地同伴,被位于斐济主要岛屿维图拉乌的那布陶陶地区的人用乱棍打死后吃掉。据民间传说,贝克是在错误地接触了当地一位首领的脑袋后被人们杀死的,这种行为在当时是一种致死的禁忌,当时贝克除了留下一双皮靴之外,其他什么东西也没有。

据一位那布陶陶的村民说,食人族把皮靴和一种蔬菜放在一起足足煮了一星期,但是靴子实在太硬了。当地人说这起事件给这个地方和它的居民留下了一个咒语,使这个村子多少年来一直成为人们的笑柄。他们相信这个村子

200年不会交好运,没有学校、没有道路,更没有医疗设施和其他一些有助于生活方便的捐助。为了给自己带来好运,也为了谴责过去的野蛮习俗,当地村民举办了一次悼念仪式,他们还邀请了贝克的后人来参加此次活动,以此来永久解除诅咒。最晚的一次悼念活动在1993年,村民们聚在曾经煮

最不可思议的奇异部落

◆ 祭典上的歌舞

熟贝克先生的教堂前面致悼词,并且轻轻地咀嚼着鞋底。这个村子的村长那瓦挖巴拉乌说,这次悼念仪式请到了贝克家族的后人贝克先生。这次悼念仪式包括基督教仪式和斐济当地的谢罪仪式,在一座刚搭起来的圆帐篷中进行,起始仪式是当地的一种卡瓦酒祭奠。经过15种各种仪式之后,仪式达到了高潮,即象征诅咒驱除仪式开始了,与此同时,贝克家族的人们向天空释放了气球。贝克家人接受了村民们敬献的母牛、特殊的机织床垫和30多只精美的鲸牙雕刻艺术品,当地人管它叫特比阿。

大家依次向贝克表示敬畏之情,这些人中有斐济的总理莱西尼亚·卡拉斯和斐济众议院主席。卡拉斯称赞这次道歉仪式是一次漂亮的活动,他对当地民众说:"尊敬的托马斯·贝克先生,你感受到你的民众的疾苦,你的帮助对这些无助的人们是如此的重要,他们为他们所做的一切在寻求主的饶恕,宽恕他们吧!"

然而,整个活动最终没有提及是否要给当地村民以某种形式的救助。如果没有政府的救助,而光靠贝克不得安宁的灵魂和上帝对过去这顿吃人罪过的饶恕,这些穷困无助的村民还会遭受更多的苦难。

最·不·可·思·议·的·奇·异·部·落

四、世界奇异部落之谜

侏儒部落之谜

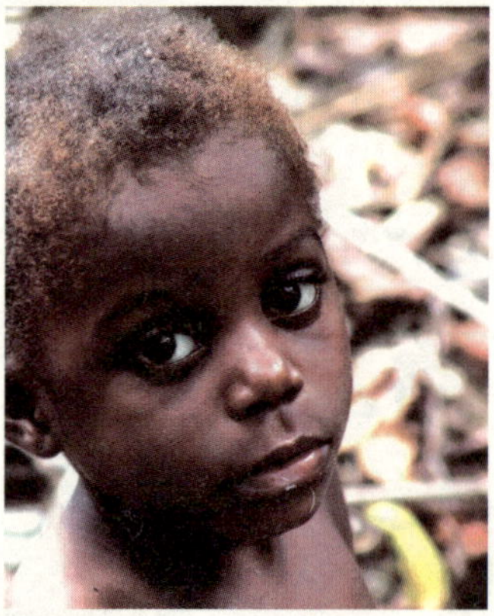

尼罗河流域四季雨量充沛，气候凉爽，原始森林中树叶茂密，遮天蔽日，地面则一片泥泞，而就在这片莽原中，有一个"矮人国"。整个部落的男男女女没有一个身高超过1.2米。这个部落跟东非国家的土著民族一样会讲斯瓦里语，在部落里，没有头目，也没有宗教信仰。"矮人国"的矮人有一个生理特点，就是从儿童到成人发育长高的过程很短，一般都赤身裸体，只有大人才在肚脐眼下几厘米的地方系上一条很短的围裙，或者缀有一块遮羞布。他们的体型跟其他非洲黑人种族大体相似，只是这些矮种人身材过于矮小，高

◆ 矮人国

高的额头，深凹的眼眶，两片嘴唇显得特别厚而微微撅起。他们大多举止稳重矜持，神情呆板严肃。

在非洲中部刚果共和国、加蓬、喀麦隆3国边境的深山里，生活着一支几乎与世隔绝的原始矮人部落——俾格米人，俗称"小人族"。

成年男子平均身高1.42米～1.45米，女人一般比男人矮10厘米左右。肤色较一般黑人浅，通常赤身裸体，体重不超过40公斤。俾格米人社会分工非常明确，男人狩猎，女人采集野果。他们用树枝和一些蒿草搭成圆锥形房屋居住。俾格米人发育快，成熟早，寿命短，平均寿命在30岁左右，男女双方11岁就可以结婚。

最不可思议的奇异部落
ZUIBUKESIYIDEQIYIBULUO

◆ 俾格米矮人

居住在菲律宾吕宋岛的海边和马德雷山上的阿格塔人是最后的原始部落之一,属矮小黑色人种。阿格塔人身材矮小,具有黑人特征,靠捕猎动物为生,食物还包括鱼、蜂蜜和水果。营养不良和疾病使他们人口总数下降,30年来人口减少了25%。

阿联酋的赛驼

骆驼比赛是阿拉伯民族喜爱的传统活动项目,海湾地区特别盛行,其中尤以阿联酋的骆驼比赛引人入胜。阿联酋每年都在首都阿布扎比举行一次规模盛大的骆驼赛跑。作为海湾地区的一项主要赛事,各国的首脑们乘坐私人飞机争睹获最高奖的良种骆驼。其他政府官员也亲临观看,与民同乐。圆形的赛场距首都40多公里,参赛骆驼在起跑线上一字排开。赛场四周彩旗飘扬,场面十分壮观。观众身穿民族服装,兴致勃勃地等待比赛开始的枪声。当发令枪声一响,只见体格魁梧的骑士们使劲用棒抽打骆驼。平时看上去温顺的骆驼如离弦之

◆ 正在进行比赛的骆驼

◇ 骆驼冲刺

箭，飞速奔跑，场地上顿时扬起阵阵尘土。观众欢呼雀跃为骑手们助威，喝彩声、鼓掌声、呼喊声同骆驼奔驰声交织在一起，震天动地。当骑手冲到终点时，观众热烈鼓掌表示祝贺。优胜者可获得一份高额奖金。

阿联酋至少拥有4000峰骆驼，有的骆驼价值百万美元。今天，海湾地区把赛骆驼作为一种时髦，良种骆驼身价大增。阿联酋拥有海湾地区最出名的骆驼赛跑行业，营业额达数万美元，它计划把阿布扎比的比赛计划扩展到沙加，在那里举行投资为380万美元的骆驼竞赛。

奇特"着装"的巴布亚部落

1999年春天，高级地质学家菲利浦·蒙大奇奥尼获得了一个终生难觅的良机，出发前往印度尼西亚最东部的省份Irian Jaya，探索在那里居住的Dani族人的遥远而又古老的文化底蕴。Irian Jaya是印度尼西亚最东部的省份，面积约占整个

新几内亚岛总面积的一半，在那里仍可以见到人们过着如"石器时代"祖先般原始部落的生活。

Irian Jaya的数百个巴布亚部落中，最与众不同的是高地人，他们是唯一身着一种非常奇特"着装"（传统的koteka，即用葫芦制成的阴茎端鞘）的部落。koteka的形状、体积和长度视种族渊源不同而有所差异，但佩戴位置都一样，即在"举枪敬礼"的位置上。

当国外游客走出机场时，会亲眼目睹赤身裸体的Dani族人走在前往城里的集市或从集市返回他们偏僻山村（往往要在山里走上好几天）的路上，也会看到"现代"的印度尼西亚人开着付出昂贵运费用飞机运抵的聒噪的摩托车或小巴招摇过市，这两者间形成的强烈反差是初来乍到的人们所经历的第一次文化冲击。这些印度尼西亚移民大多是信奉穆斯林教的爪哇人，当地的商业和行政机构几乎都由他们控制。实际上，能讲印度尼西亚语的Dani族人寥寥无几，这两个世界的人过着互不干涉、互不融合的生活。

裸体的雅马拉比底人

达都瓦拉村的印第安人叫"雅马拉比底人",有200多人,分别居住在6个大茅草屋里,这些茅草屋环绕着一个足球场大小的操场。操场中央有两个小茅草棚,是村里举行集体活动的场所。村里的印第安人无论男女老幼全是裸体。

◆ 印第安儿童

男人们身上涂着自制的颜料,画着各种图案。

为你化妆

来到雅马拉比底人这里,好客的人们会为你化妆。他们请一位印第安妇女往你的脸上和胳膊上抹颜料。据说,这是全村最有本事的妇女,具有百步穿杨的本领,能让她化妆是客人的荣耀。她不但在你的脸上画了两个图形,而且还会在你的胳膊上画两条夸张的鱼。这些图案和中国西安半坡遗址出土的陶器上的图案是如此的相似,会使你仿佛觉得自己回到了原始社会。

不怕羞的姑娘

辛古河是一条印第安人视为神河的河流。河水不凉也不热，在这里洗澡，你会感到暖暖的很舒服，但是很可能遇到令你尴尬的事情：正在享受大自然带给你的快乐的时候，突然，通往村子方向的小路上会飘飘然走来几个姑娘，她们身材匀称，一丝不挂，头上顶着水桶，说说笑笑，全然没有注意到有人在游泳。即使看见你，她们也没有回避的意思，一切都自自然然，平平常常。她们

头顶水桶，大方地从你面前过河，然后把水桶放在岸上，开始嬉水、游泳和打闹。她们旁若无人地上岸往身上抹肥皂，上下搓着，然后再跳下水去冲洗。姑娘们闹够了，便每人打一桶水，顶在头上向家走去。

茅草棚

雅马拉比底人住在茅草棚里，当你走进了草棚，就会发现它其实有一个排球场那么大，五六根柱子上拴着七八个吊床。这里还有两根柱子是专门用来招待亲戚和朋友的。当然，来人须自带吊床。草棚的一角还有一个用白布遮挡的地方，那是一间密室，每个家庭都有，主要是给妇女分娩和9岁以上的女孩关禁闭用的，

◆ 茅草屋

任何人不许入内。孕妇生第一胎时，产后要在里面呆6个月；生第二胎时，呆3个月；第三胎以上，只呆2个月。村子里凡9岁以上的女孩都要在密室里关上6年，不得外出，直到15岁才能自由活动。

多姿多彩的民俗风情

奇特的惠女服饰

　　福建惠安沿海一带的妇女,素以吃苦、耐劳、俭朴持家名闻遐迩,更以其奇异的服饰蜚声海内外。惠女虽属汉族,但其服饰却与汉族传统服饰迥然有别。她们披花头巾、戴金色竹笠,上穿胡蓝色斜襟短衫,下着宽大黑裤。头巾紧捂双颊,只露眉眼和嘴鼻;最奇特的是,惠女胡蓝色斜襟短衫短仅及肚,黑色裤则宽大飘逸,裤头只到脐下,被人风趣地称为"封建头,民主肚;节约衫,浪费裤。"

　　惠女服饰虽历千年略有衍化,但风格依旧,盛行不衰。随着闽南沿海地区的对外开放、经济发达和旅游业的飞速发展,惠女形象已走出八闽,蜚声海内外。

◆ 惠安女

360°全景探秘 >>>>

最不可思议的奇异部落
ZUIBUKESIYIDEQIYIBULUO

◆ 勤劳的惠安女　　　　　　◆ 惠安女

◆ 惠安服饰

世界
奇异部落之谜

多姿多彩的畲族风情

福建畲族人口占全国畲族总人口的40%以上。畲族妇女勤劳朴实，其装束打扮具有浓郁的民族色彩。喜在衣领、右襟、袖口和围裙上，刺绣花鸟及艳丽的花纹；腰束彩色条带；头发盘梳成螺式或截筒高帽式，发间束红绒线，配以银质头饰。这种独特的装束，称为"凤凰装"。随着年龄的变化，凤凰装在头饰、发型及服装上各不相同，可分为"小凤凰装""大凤凰装"和"老凤凰装"等。

◆ 畲族姑娘的凤凰头饰

畲族妇女不仅服饰俏丽，奇风异俗更是诱人神往。畲族青年男女通过对歌认识后，男方托媒说亲，经媒人撮合，女方（称"少娘"）便要出嫁了。

少娘出嫁不论其心情如何，都要以歌当哭，两

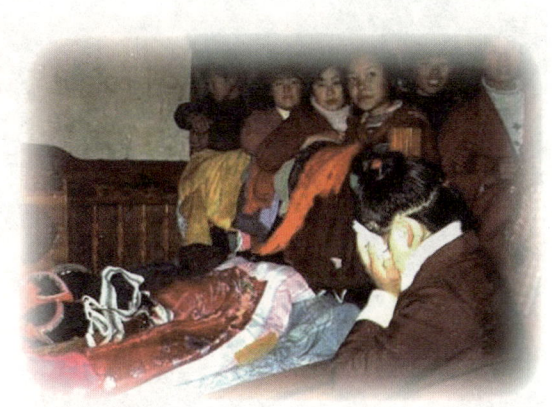

◆ 哭嫁

最不可思议的奇异部落

◆ 迎亲

天两夜的"哭嫁"之后,方举行各种传统风趣的仪式进轿,抬入男家。因传少娘是高辛帝的公主,故拜堂时行"男跪女不跪"之礼,更显畲族婚礼之独特。

"闹新房"时男女盘歌,通宵达旦,欲罢不能,文明而不失诙谐,热烈而不失高雅,如同一场高潮迭起、引人入胜的赛歌会。

畲族有自己的氏族节日。农历三月三煮"乌稔饭"祭祀祖先,除

◆ 畲族三月三乌饭节

对歌盘歌以外,还表演传统的"加官舞""八仙舞""龙头舞"等,热闹非凡。

四月初八做麦精饭,十月祭多贝大王,都是隆重热烈的节日。几乎所有畲村都有祠堂,各个宗族各有刻有龙头的祖杖,为畲族图腾的主要标志。

◆ 畲族舞蹈

◆ 男跪女不跪的畲族风俗

崇蛇护鱼的奇俗

◆ 无毒蛇

漳州平和县文峰镇三平村至今还流传着古老的崇蛇习俗。三平村一带生长着一种无毒蛇,大的长1米余,小的仅1尺多长。当地人把蛇当作保佑家居平安的神物,尊称蛇为"侍者公"。他们认为家里有蛇是吉的象征,越多越吉利,因此蛇历来受保护。人不怕蛇,蛇不怕人,人蛇共处,习以为常。有时蛇会钻进被窝,卷曲在主人的脚旁。若夜间行路不小心踩到蛇尾,被蛇咬上一口,也一笑了之,决不报复。有蛇穿堂入室,主人亦会高兴地夸耀说:"侍者公到咱家巡平安了。"这种崇蛇习俗的由来,说法不一。一说1000多年前,这里的深山密林中,常有蛇妖出现,危害群众。到了唐代会昌五年(公元845年),僧人杨义中用法刀制服了蛇妖，从此蛇妖改邪归正，成为义中和尚的随从侍者。另一种说法是，福建古代居住的闽越族，是以蛇为图腾加以崇拜的，三平村崇蛇是一种上古遗风。

闽东周宁县城西5千米的浦源村，有一条小溪穿村而过，溪长不足半千米，宽仅3.4米，但却栖息着六七千尾五颜六色的鲤鱼，人称鲤鱼溪。这里居住着宋代从河南迁徙来的郑氏后代。千百年来，他们在溪中饲养鲤鱼，从不捕食。淳朴的民风，使鲤鱼习性与众不同，它们与人相亲，闻人声而来，见人影而聚，出现溪中彩鳞翻飞、溪畔笑声朗朗的人鱼同乐的动人情景。若投以食物，鱼则欢腾跳跃，争相逐食，还会亲热地行吻手礼。每当山洪暴发，鲤鱼就会咬住溪边的蒲草，不愿随波逐流而去。每有死鱼，村民必捞起，将其安葬在鱼冢之中。

◆ 鲤鱼

印度洋"黑色土著"部落

在浩瀚的印度洋中，有一片漂浮着的群岛，那就是安达曼群岛。

在这个岛上的热带森林里，至今还生存着仍然过着原始生活的民族——雅拉瓦（Jalawas），人们称他们是"黑色土著"。传说一些海上遇难者会被他们杀害和吃掉，印度小孩被他们从家里掠走等等。总之，传说中的雅拉瓦人是个极野蛮落后的民族，去他们那里的外人很少能活着出来，连一些人类学家也不敢在他们那里长时间逗留。雅拉瓦人全都裸露着身子，只在腰间系条用树皮做的绳子。他们皮肤光滑、黝黑，身材瘦小，大人也像十来岁的孩子，表情腼腆、温和、热情，还有点淘气的样子。

◆ 安达曼风光

他们的体温38℃

就肤色和体形来看,雅拉瓦人很像非洲中部正在消亡的俾格米人(人称"矮人"),由此可推断他们的祖先在非洲。然而,乘坐独木舟是绝对来不了这里的,那么他们到底是怎样漂洋过海来到亚洲的呢?

有专家认为,可能是由于以前地球两极的冰冻现象,海平面低而亚非大陆几乎连在一起,雅拉瓦人可能是那时来的。后来海平面逐渐上升,印度洋上的群岛与非洲大陆分离,安达曼岛也成了与世隔绝的地方。迄今为止,人们对雅拉瓦人的语言、文化、传统和来源都知之甚少,他们38℃高的正常体温完全是一个谜,因为这在世界上是极其特殊的。雅拉瓦人没有数的概念,不懂得耕作,也不会饲养,甚至不会用火,但他们个个都是优秀的射手,其技术不亚于奥林匹克的冠军。

为了不使这些稀有民族在地球上绝迹,一个专门拯救原始部落的民间组织已呼

◆ 雅拉瓦人

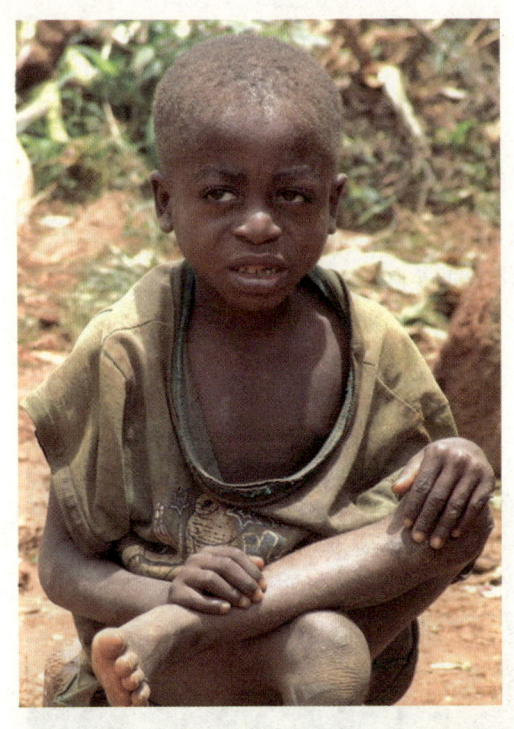

吁国际舆论关注他们的命运。印度警方已派警察去看守他们居住的地区，这既是为了保护这个濒临灭亡的民族，也是为了防止附近的农民与他们发生冲突。由于安达曼群岛有充足的阳光和沙滩，印度政府正在那里规划旅游区，还扩展了布莱尔港机场的跑道，以便使满载泰国和日本游客的大型飞机能在那里起降。大批国外游客的到来，对黑人土著是祸还是福，人们尚不得而知。

没有丈夫就没有衣服穿之谜

每个民族都有自己独特的风俗习惯，喀麦隆北部的基尔迪族，就有一个世人罕见的奇特风俗，女人结婚前不穿衣服，只戴一两条自己制作的项链。由于基尔迪族是个自给自足的社会，一切生活必需品都靠自己解决。平时男女赤身露体，无遮无掩，习以为常。男人第一次穿的衣服是结婚后妻子亲手给他做的，因为女人结婚后必须从事农业劳动。第一次收棉花只能用于给自己的丈夫做一件长大褂，第二次收成才可用来做自己穿的衣服。

基尔迪族社会当然也有离婚现象，离婚后女人又要赤身裸体，原来做的衣服不能从夫家带

走，只有再婚后，丈夫有衣穿，她才有衣穿，因此当地有句俗话："没有丈夫就没有衣服穿。"这也反映了该民族的婚俗特点。

奇特的彼拉鱼祭礼之谜

彼拉鱼是一种生活在南美洲亚马逊河里的淡水鱼,以小鱼为食。虽然身体只有30厘米长,但却袭击过像牛那样大的哺乳动物。过河的牛遇到彼拉鱼,常不等到达对岸,就因流血过多而沉入水中死亡。据记载:有一个人骑马过河,不幸遇到一群彼拉鱼,后来就发现在这河里有人的衣服及人和马的骨头。

◆ 彼拉鱼

南美洲印第安人的风俗是:长辈去世后,既不埋葬也不火化,而是将尸体用丝绸带缠好,并在身体的两侧放满鲜花,然后高奏哀乐,在乐曲声中徐徐地将尸体投入河中。霎时间,只看一群小小彼拉鱼闻讯而来,把死者的身体吃个精光,最后只剩下一副骨架。也有传说古代的大暴君、大奴隶主也常常把触犯他们礼法的人,推入有彼拉鱼群聚的河里,作为一种酷刑。

俳湾人敬百步蛇

图腾及其有关的制度、礼仪、崇拜、禁忌等等，是氏族社会的历史产物，并曾长期、广泛地存在于世界各地许多原始部族社会中。随着历史的发展、时代的变迁、社会的进步，曾经普遍存在并且在社会经济文化生活占据重要地位、发生深刻影响的图腾制度、图腾观念，早已被汹涌的历史长河所淹没，被厚重

的历史尘埃所封埋。然而，在各民族流传至今的神话传说、风俗习惯、节日活动和民间工艺中，却仍不时地有所显现。在各民族的传统民居建筑中，也不难发现其明显的遗迹。

俳湾人是高山族内部的一个族群，生活在台湾本岛最南部地区，其传统民居大多是以粘板岩为主要材料建盖的石板房。俳湾人的石板房令人注目的是立柱、板壁、檐桁、槛楣，它们多有形象生动、线条流畅、风格粗犷的雕刻装饰，尤其是村社头目、长老、司祭等社区头人的住宅，这类雕饰更不可或缺。

作为石板房重要构件之一的檐桁和槛楣，因为面积比较狭长，所雕刻的图纹大

◆ 高山族

多做单行重复排列，内容有人头纹、蛇纹、几何纹等等，而以蛇纹最为多见。这些蛇纹，有的做双蛇反向卷曲，有的与人头图纹组合，或做半圆覆于人头之上，或做半圆环于人头

◆ 俳湾人

之下。檐桁图纹的颜色,有用石灰、烟黑涂成白、黑两色,也有用红、黑两色。石灰烟黑涂彩,黑白格外分明;红黑两色上彩,颜色更加强烈。立柱、板壁的雕刻,则多以人物为主题。这些明显突出的人物,其头顶除了有的饰以兽角,更多的是饰以百步蛇一双,或者为卷蛇一对。

雕饰于俳湾人石板房檐桁、槛楣等房屋构件上面各种各样的蛇纹,很明显就是俳湾人蛇图腾崇拜观念依附于民居建筑的一种物化形式,是俳湾人蛇图腾崇拜意识在传统民居建筑上面的一种遗存,是俳

◆石板房

湾人对蛇——尤其是百步蛇敬畏心理的一种外在表现。

雕饰于檐桁、槛楣等等构件上的蛇纹，俳湾人称为"苏拉"（也有称"跨苦非"的）；实际存在的百步蛇，俳湾人也称为"苏拉"（也有的称"弗罗弗罗伊"）。在俳湾语里，"苏拉"（或者"跨苦非""弗罗弗罗伊"）这个词，直译可译为"长老"或"蛇精"，引申即有"祖先""始祖"之含义。也就是说，不论是檐桁、槛楣上雕饰的百步蛇，或者是丛林、草地里爬行的百步蛇，俳湾人皆尊称为"蛇精"，并视为"祖先"或者祖先的化身。而广泛流传于俳湾人中的一些关于人类始祖的神话，正好是俳湾人蛇图腾崇拜观念形成的"合

理"解释。其中一个神话说,远古的时候,在考加包根山的顶峰,太阳降临,生下了红、白两个卵。后来,一条名叫"宝龙"的百步蛇将这两个卵孵化,生出一男一女两位大神,这两位大神,就是俳湾人头目的祖先。而一般俳湾人的祖先,则是从青蛇卵里孵化出来的。另一个神话说,从前在皮那巴敖加桑,从一株竹子中生出一条灵蛇,灵蛇又化生为一男一女两蛇神,蛇神生下的人,就是人类的祖先,其中的一男一女,就是俳湾人的始祖。这些广泛流传于俳湾人中的蛇图腾始

祖口碑传说，正是以"蛇生"始祖神话为内容的图腾艺术产生的基础，而俳湾人民居建筑上面的这些蛇纹，也正是以"蛇生"始祖神话为内容的图腾艺术的一种具体表现。

神圣"血祭"的阿内特人

澳大利亚中部，是一片无垠的沙漠，寸草不生，人迹罕见。但是狭小的阿利斯普林地区却有一块绿洲，那里居住的民族，人数不过几百人，分成十几个部落，以游牧为主，人们称之为"阿内特人"。

阿内特人劳动时都用石制农具，并且在田间劳动的都是女人，她们身穿树叶和草根或藤蔓的东西织成的衣服和裤子，光着脚。

阿内特人非常好客，当你走进阿内特人的家，主人首先端上来一盘野果请客人品尝。吃完野果，便是一些野味，当然是煮熟的野味。夜幕降临，阿内特人还会邀请你观看他们盛大的图腾仪式。大家围坐在一个大火堆四周，一个个在火堆周围依次虔诚的跪拜，祈求夜间安

然入睡，不被冻死。

拜火仪式结束，便可进行盛大的祭祀图腾仪式了，许多表演者在自己身上涂上动物脂肪，用炭粉等描上象征"图腾"的图案，然后把山鹰的羽毛贴在图案周边，并用锋利的石块在手臂上割出口子，抽出血来，洒在羽毛上，进行跪拜。这叫做神圣的"血祭"，在血祭期间，不吃食，不饮水，不言语，他们认为这样是对神的最大虔诚和崇拜。这种血祭，阿内特人认为取自自己身体内的血液，可以感动衣神，令大地铺满绿草，可以放牧。

360°全景探秘 >>>>
最不可思议的奇异部落
ZUIBUKESIYIDEQIYIBULUO

· 最 · 不 · 可 · 思 · 议 · 的 · 奇 · 异 · 部 · 落 ·

五、世界奇俗部落之谜

最荒谬的奇异婚俗

南非联邦,近几十年来,已由世上最闭塞荒凉的国家,迈进了现代化文明之列。虽然南非联邦在不断进步,但其南端加佛罗利亚境内的原始部落,因为地理环境闭塞,文化落后,对婚姻和两性问题仍很原始。在加佛罗利亚完成婚姻的过程,非常繁复,简直是劳师动众,大煞风景。

据说,加佛罗利亚的父亲们,有带妻子儿女在青山翠谷中沐浴的习惯。如果一个青年男人走过河岸看到水中的女子,心生爱慕,也不能操之过急而必须若无其事的扬长而去。他必须去打听那女子家住何处,然后亲自向女子的父亲表示爱慕他女儿的心意,如果女子的父亲

◆ 南非的原始部落

中意，第二天就会送一头牲口给青年的父亲。这是第一阶段的订婚手续。

订婚后，男方会在亲友间大事宣扬。他的姑嫂们相随蜂拥去女方家做最少一星期盘桓，以考核新娘的言行举止，然后回去报告。

第二关的考验顺利通过后，第三关紧接着就来了。准新娘在家人刻意打扮，极尽浓妆艳抹之能事后，簇拥着到男方家去接受另一层挑剔和考验。这次的考验不仅女性要受审查，男的也要被评定。

最不可思议的奇异部落

双方家族，互相为男女当事人做"全身检查"，这当然还包括检查最私密部分。如果检查结果相差无几，就会肯定婚事，如果悬殊，就前功尽弃了。新郎新娘行周公之礼，还必须有两个男性观察员在新房内，监视他们的好事，这是已知的世上最荒谬的奇异婚俗。

◆ 南非原始部落的生活

尼泊尔奇异的婚俗

在尼泊尔，青春期前的女孩要与"贝尔果"（一种芳香可口的水果，又称"金苹果"）成婚，然后将这种果抛进圣河。尼泊尔人认为，人的一生只有一次正式和隆重的结婚，贝尔果婚以后的婚姻是处于次要地位的。他们很少正式登记注册结婚，女子出嫁后额前要点朱砂痣。已婚的尼泊尔女子可以任意离婚，她只要将结婚时接受的槟榔放在丈夫枕下离开屋子就表示已经与丈夫离婚。但是现在政府规定要办一定手续，不像以前那样随便了。

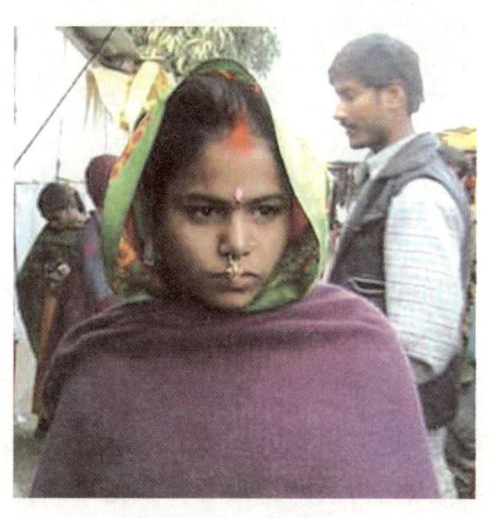

◆ 尼泊尔已婚妇女

尼泊尔人多选择在新年或节日举行婚礼，婚礼一般晚上举行。他们的结婚仪式相当复杂，首先要媒人介绍，双方家长同意，然后请算命的看八字。八字相配，男方父母便给女方父母送去点心、槟榔、水果等聘礼，

最不可思议的奇异部落

然后开始筹办喜事。结婚的前一天要举行一种叫做"杜拉代"的仪式。在仪式上,男方送给女方约一加仑牛奶、蜜糖等礼物,作为对新娘母亲的报酬。第二天傍晚,女方宴请亲友,并接受亲友的馈赠。当晚,男方组织庞大的迎亲队伍,在新郎父亲的带领下来新娘家,受到茶点招待后即行散去,只留下新郎的父亲和少数近亲。午夜后,这些人用竹竿吊床将新娘抬到一个朋友家暂时休息,第二天清晨去公婆家过门。过门仪式比较隆重。婆婆要用圣水给新娘洗脚,把家里的钥匙交给新娘,领她进新房并由祭司为她祈求神灵保护。然后,一对新人坐下来吃盛在一个盘子里的祭食,从而结束一天的仪式。第三天新娘被正式接进厨房,全家一起吃团圆饭。第四天,新娘被领到神前,由祭司主持仪式,新郎给新娘梳头,在头发上涂药油。晚上新郎新娘一起回娘家。之后,一对新人回到婆家开始新的家庭生活。

◆ 尼泊尔婚礼

崇拜鲨鱼的部落

在所罗门群岛中一个叫勒拉奇的小岛上，居住着一个以捕鱼和狩猎海鸟为生的部落，共有500多居民。他们把鲨鱼当做神来崇拜，从不捕杀鲨鱼。遇有重大事件，还举行全岛的盛大祭鲨典礼。

举行祭鲨典礼那天，全岛像过节一样，妇女戴上用贝壳制作的装饰，男人插着各种羽毛，袒露着有花纹的身子，日出前便来到海边。太阳升起后，祭礼开始，部族首领手持尖刀，把预先捆着的活猪剖开，取出内脏，扔向海面，然后把切割成块的猪肉逐一扔到海里。这里整个海湾的水顿时染成血红色，鲨鱼在互相争逐抢肉

食。待把剖杀的几十头猪全抛到海中以后,祭奠的气氛达到高潮。妇女和男人在海滩上唱歌跳舞,尽情玩乐,一直到鲨鱼把肉吃完,海湾逐渐平静下来为止。

每当岛上有人遭到鲨鱼袭击,部落的人们都说:"这人污辱了鲨鱼神灵,被

◆ 鲨鱼

鲨鱼撕碎是应该的。"如果一次遭到袭击的人太多，还要举行一次盛大的祭奠。由于这个部落对鲨鱼的崇拜保护，使得凡是经过该岛附近的外地船舶，都要倍加小心。一是警惕鲨鱼袭击；二是不要被误认为是捕鲨船只而受到人为进攻。

小岛上的"私奔"习俗

居住在印度尼西亚龙目岛上的萨萨克部族人结婚非常别开生面，他们一般选择"私奔"形式。通常是小伙子邀姑娘离家成亲。女方家长被蒙在鼓里，完全不知道女儿跟谁"私奔"，更不知道她被带往何处。

在萨萨克部族里，一个姑娘可以同时和若干个小伙子交往。小伙子们晚上到姑娘家拜访，他们可以交谈、聊天。多数情况下，小伙子间互不摸底，猜不出他们当中谁被姑娘看上。而姑娘则会同她心爱的人借机商谈"私奔"的日期和行动计划。

◆ 龙目岛

最不可思议的奇异部落

"私奔"时,可以由姑娘自己的恋人亲自去接,也可以委派代表去接。以至于曾发生过姑娘转而和恋人的代表结婚的事。

"私奔"告成后,姑娘通常被安置在男方的某个亲戚家。至迟三天三夜,男方必须向村长交代姑娘的来历。接着男女双方或双方代表开始商议结婚日期、女方保护人、送彩礼的日期和规模等事宜。

彩礼是由男方家长向女方家长付出一定数额的款项,作为弥合"私奔"事件造成的双方关系裂痕的手段,如果女方家长拒绝接受彩礼,男女双方则正式断绝关系,两家从此再不互相往来。

送彩礼时,派遣由长辈带领的代表来到女方家。他们的任务之一是讲述新郎的家谱;女方的长辈也介绍新娘的家谱。仪式结束后,送新郎的队伍才来到女方家里,"私奔"结束。

卖鸡肉找郎君的丁卡部落

身材高大的丁卡部落生活在非洲苏丹南部朗贝克县。

这是一支人均身高达2米的"高人国",在这个高个子部族里,姑娘寻找郎君的方式非常有趣——卖鸡肉。

每逢节日,丁卡部落中的姑娘们便把自己家的肥鸡杀掉,放上香草、姜、葱、蒜等佐料清炖,然后盛在小盒里摆好,到场坝上去卖,等待自己喜欢的小伙子来买。如果买鸡肉的小伙子不是姑娘中意的对象,姑娘就加倍要钱,小伙子则会知趣地离去。如果姑娘看上了年轻如意的小伙子,两人目光相遇时,姑娘会羞怯

地低下头,躲避小伙子的目光。小伙子便问:"妹妹,你做的鸡肉怎么这么香,放的是布后山上的青辣辣,孔雀湖里的盐巴,芳草园里的香草吧,是不是有客人预先定做的?"姑娘便回答:

最不可思议的奇异部落

"哥哥,我这盒鸡肉放的是最普通的香草,最普通的青辣椒和盐巴,只不过是加上了我一颗炽热的心罢了。如果哥哥不嫌弃,就请来尝尝!"姑娘就把准备好的板凳拿出来,让小伙子坐在自己身边。小伙子如果有意,就会说:"我们丁卡有句俗语,一起抬才轻,一起吃才甜,我们俩一起吃,鸡肉才会有味道。"为了避开众人的眼睛,姑娘也会说:"我们丁卡也有一句俗话,敞开来说才香甜,放开来做才利索,这里人多嘴杂,干脆我们抬到村子里去吃,那里又凉爽又安静。"于是,两个情人就端着鸡肉,搬起凳子,走进安静的村子,相互倾吐爱慕之情。

奇怪的见面礼

吐唾沫问候的马萨伊人部落

马萨伊人部族互致问候的方式非常特别,那就是主人伸出手掌让来者吐一口唾沫。尤其是到别人家里作客时,见到女主人首先要在她的掌心上吐唾沫,否则就是对主人不尊重。

◆ 马萨伊妇女

最不可思议的奇异部落
ZUIBUKESIYIDEQIYIBULUO

◆ 碰鼻礼

◆ 哈卡舞

用脑袋问候的奇特部落

居住在克纳亚地区北部山区的部族人打招呼的方式更新奇，大家互致问候时不用手，也不用语言，而是用脑袋。如果一个人想向另一个人问候，他（她）必须乖乖地把脑袋低下来，另一个人则毫不客气地连续拍打其脑袋还礼。这一地区还居住着一些游牧部落，向他们打招呼时绝对忌讳说："你好吗？"而应该问："你家的牲畜怎么样？"否则，他们会认为来者不友好。而新西兰的毛利人待客礼仪也十分奇特，客人到来时，他们首先选出一名部落里跑得最快的人，在宾客面前做各种各样的鬼脸，挥舞手中的剑和长矛，表示欢迎。然后，妇女们边高声欢呼，边跳起迎宾的"哈卡舞"。最后，部落中德高望重者走向客人，以毛利人致宾客的最高礼节和客人碰鼻子。碰鼻时间越长，说明客人受到的礼遇越高。

最·不·可·思·议·的·奇·异·部·落

六、世界玄谜部落之谜

充满了神秘色彩的布什曼人

去过非洲的人，无不被非洲的原始色彩吸引，从威猛高大的非洲狮，到步履蹒跚的非洲象，从罕无人迹的荒漠到碧浪涛天的海角，无不体现非洲毫无掩饰的"原始"魅力，尽管人类文明已进入21世纪，但这里的人们还在用最原始的方式生存。

最令人惊奇的是，非洲现在还生活着一支石器时代的原始部落——布什曼人。布什曼人是南

360°全景探秘
世界
玄谜部落之谜

◆ 非洲象

部非洲最古老的部落，至少有5000年历史，他们是石器时代仅存的原始部落。由于布什曼人无法与现代人类沟通，更由于布什曼人无法适应现代文明而远避现代人类，因此，布什曼人带给人类的更多是想象和臆测，但被世人公认的是，布什曼人比现代人更适应非洲原始的生存环境，他们野外生存能力更强，更善于和非洲的各种野兽搏斗。

神秘的岩石绘画艺术

岩石绘画是布什曼人独特的联络方式，也是留给现代人研究布什曼人宝贵的资料。在布什曼人生活的环境中，形形色色的壁画已经成为他们独特的生活方式，这些壁画的内容丰富多彩，不仅绘有动物图案，还绘有布什曼人翩翩起舞的场景，十分生动。一些古人类学家曾认为依靠布什曼人的智慧根本无法创造出这些美妙的艺术作品，认为这是其他大陆的人类来非洲后留下的纪录，还有一种解释认为这是布什曼巫师在法事时留下的印记。但以上两种解释都缺乏合理的证据。

也许随着时间的推移，岩石绘画艺术之谜会最终被揭开。

神奇的野外生存能力

布什曼人身材矮小,平均身高低于1.5米,体重只有45公斤,头的形状像人的心脏,五官轮廓近似蒙古人,皮肤的颜色近似蜂蜜的颜色,高颧骨和低眼梢是面部的主要特征,大多布什曼人

稍稍有些驼背。

与体重相比，布什曼人有惊人的食肉能力，他们可以每天吃20公斤以上的肉；还具备超人的疼痛忍受极限，在不使用麻醉剂的情况下可以进行腿切除手术，然后返回自己的居住地生存下来。布什曼人还具备超强的方向辨别能力，即使在不熟悉的环境和没有参照物的情况下，他们仍然可以毫不费力的找到正确的方向返回宿营地，科学家认为布什曼人可能具备辨别地球磁场的能力。

布什曼人一般25～30人居住在一起，部落中男子负责狩猎，女子负责采集水果和其他坚果。水对于布什曼人极为重要，因此，布什曼人具有极强的采集水的能力，他们可以从空心树干、植物的根和茎中收集大量的水供他们日常饮用，平时他们会将水储藏在深3米的地下。布什曼人还发明一种独特的"吮吸井"，他们将草茎埋在地下的深洞中，几天后，将这些草茎中吸收的水用吮吸的方法收集起来供日常使用。

布什曼男人捕猎能力极高，工具十分简单，只是一根木杖和一把弓箭。布什曼人的箭头经毒液浸泡过，毒性极强，且没有解药。他们狩猎时通常两个

人一组，发现猎物后，用手语告知同伴猎物位置，当与猎物接近30米时，两人同时用弓箭射向猎物，然后沿着动物受伤留下的血迹寻觅猎物，由于箭头蘸有剧毒，受伤的动物通常会在20小时内被找到，随后布什曼人用木杖抬着猎物凯旋而归。

最不可思议的奇异部落

原始的生活习俗

由于生存环境恶劣，布什曼妇女一般每四年生育一次，为了防止怀孕，布什曼人发明了一种独特的植物避孕法。新生儿一般8个月左右开始走路，而母乳喂食的时间长达4年，

◆ 布什曼男人

婴儿出生后，母亲会根据周围的水塘为婴儿命名。

男孩从孩提开始就接受包括投掷木棒等的技能训练；女孩2～6岁时便被许配给一些年长的孩子，但是布什曼人严格禁止近亲通婚，8岁时，女孩便开始学习采集食物和烹饪技术，这时男孩和女孩开始生活在一起，但是只有当男孩第一次捕杀大的动物并接受成人仪式后，这种婚姻才正式被部落接受，而男女间的夫妻生活还要等到女孩接受成人仪式后才能进行。成婚仪式上，男女刺破自己的身体，将流出的血液混合起来，表示对对方的

◆ 布什曼女人

忠诚。

布什曼人不讲究给新娘家送礼，但新郎官需要到新娘家里"服役"几年，表示对岳父母大人的孝敬之意。布什曼人禁止通奸，但允许伴侣交换，夫妻任何一方均可提出离婚，此外因为布什曼人和其他部落之间逐渐融合，异族通婚现象比较普遍。

死亡是布什曼部落的大事，死者被风衣包裹，整理成胎儿的形状下葬，如果母亲难产而死，新生婴儿将随母亲一起被埋葬。布什曼人的墓地一般深1.5米，呈南北向，死者遗物被打碎后摆放到其他地方，不随死者埋葬。布什曼人没有酋长和其他头领。决策采用投票制，尊重大多数人的意见。布什曼人的社会崇尚绝对平等，男女的社会地位非常平等，男女社会分工非常明确。

最不可思议的奇异部落

"圣洁石"之谜

多哥位于非洲西部,是个多部落的国家。第二大部族卡布列族世世代代居住在北部山区。艰苦的生活、辛勤的劳作和抵御外族的抗争,造就了卡布列人坚毅的性格和强悍的体魄。这里的小伙子高大威猛,勇武彪悍。姑娘都热情淳朴、美丽健康。

摔跤节

7月下旬,是多哥北方的雨季,山区气候凉爽宜人。

卡布列人此时要为部族里年满18岁的男女青年举行成人仪式。标志卡布列族男女青年长大成人的摔跤节和成熟节也在此时相继举行。按照部族习俗,卡布列族各乡男青年都要集中在北方的拉马卡腊,举行长达一周的摔跤比赛。年满18岁的小伙子要连续三年参加摔跤节比赛,才算真正成为男人。

◆ 卡布列民居

◆ 卡布列风光

最不可思议的奇异部落
ZUIBUKESIYIDEQIYIBULUO

◆ 多哥前总统埃亚德马

比赛的日子，人们身着艳丽的民族服装，敲着响板，吹着哨子，为参加比赛的小伙子呐喊助威。场外姑娘们边舞边唱，使场上的小伙子们精神抖擞。比赛结束，不论输赢，他们都被认为是经受了考验，部族正式承认他们成人。

出身卡布列族的多哥总统埃亚德马曾在40多年前的拉马卡腊摔跤节上获得冠军，并因此走上从军之路。多年来，他对摔跤节情有独钟，无论政务多么繁忙，每年7月必来观看。

成熟节

当月,卡布列人还要为年满18岁~21岁的待嫁姑娘举办成熟节。在成熟节上,闺阁待嫁的姑娘都要参加坐"圣洁石"的仪式。

据说,如果已不是处女的姑娘坐了"圣洁石",一生都会遭厄运。这块"圣洁石"是否有此神通,外人不得而知。但是在成熟节这天坐"圣洁石",从而标志姑娘成人的仪式被世世代代流传下来了。和摔跤节不同的是,成熟节不允许部落内的男子和部族外的任何人参观。

◆ 圣洁石

长寿的新疆罗布人

2000年前,罗布泊是古代楼兰国的领地,也是丝绸之路的必经之地。这里人丁兴旺,一片繁荣。但是后来,楼兰国不存在了,罗布泊也慢慢缩小,为了生存,他们四处迁徙,而1920年一场瘟疫加剧了这里的灾难。只有一些附近地区的少数人幸存下来,到今天罗布人有13000多人。

罗布人有自己的语言罗布语,但是现在已失传了。罗布人非常好客,如果你到了罗布人家中,除了大碗的酒、大块的手抓肉,还会有音乐和歌舞。罗布女子为你弹冬不拉,唱悠扬的民间歌曲,穿着花裙

◆罗布泊荒漠

360° 全景探秘
世界玄谜部落之谜

◆ 罗布民居

子的姑娘和小伙子们随着音乐尽情起舞，你一定会被这快乐感染，禁不住想加入其中。

早期罗布人的主食是鱼，吃法很简单，添上水炖或者清理好串起来，找来一些干燥的红柳枝点着了烤着吃。吃的时候用一种叫做"蒲黄"的调料。现在据科学家论证，"蒲黄"是一种花粉，这种花粉是一种很高级的保健品原料。

不过随着罗布泊的干涸，罗布人

◆ 罗布村寨

最不可思议的奇异部落

◆ 正在烤鱼的罗布年轻人

◆ 罗布人的生存环境

逐渐成了牧民,吃鱼的次数少多了。刚刚成长的芦苇下部白色湿嫩的根就算是一道菜肴。在罗布人中百岁老人并不少见,这样简单的饮食结构与他们的长寿有什么关系吗?现在还不能确定。

尽管他们吃着很简单的食物,穿的是罗布麻制成的粗衣,他们依然很快乐地生活在这里。不过随着1983年～1997年我国三次普通旅行者队伍成功穿越罗布泊,罗布人与外界的联系开始渐渐增多,他们懂得了种棉花等作物,有了集市,学会了买卖,生活水平正在提高。

世界
玄谜部落之谜

◆ 罗布人

拉达部落突然消失之谜

1939年的8月，在阿拉伯半岛西南端、红海入口的英国保护地——亚丁港（亚丁港在战后便独立成为"也门人民民主共和国"），发生了一件不可思议的事情。发生问题的，是四周环绕沙漠的部落——拉达。

这里的夏天，平均温度高达摄氏45℃，尽管如此酷热，拉达部落的四周仍然长有枣树，驻守

360° 全景探秘

世界
玄谜部落之谜

◆ 被沙漠淹没的拉达民居

附近的英国航空部队的士兵，经常来到这里购买枣子。虽然土地炽热，但是有些地方还会涌出泉水，形成草木丛生的绿洲，因此，绿洲的四周才会形成部落。

拉达部落北方300多米的地方有个叫巴尔的部落。南方1500多米的地方有个叫库阿鲁孙·伊文阿德宛的大型部落。这些部落间，往来必须穿过岩石，经由唯一的一条通道联络。不过，只要一失足，就会跌到路旁滚烫的沙漠里，因此，这里人烟罕至。

俗语说："天有不测风云"。果真，拉达部落就发生了变故。因为在一瞬间，整个部落的居民全部消失，无一幸免。依据发现离奇事件的英国士兵

最不可思议的奇异部落

报告,最不可思议的是该部落的人家里,每户家中的家具都维持原样。此外,有些家里的餐桌上,还留有刚准备好而未动用的饭菜。

由此看来,拉达的居民也不像是移往南、北两个部落去。即使他们真的是穿越沙漠,应该也会被不断在空中巡逻飞行的英国军机发现才对。为什么整个拉达部落的人会毫无理由的消失,难道是蒸发了吗?对于这些疑问,至今仍没有满意的答案。

爱斯基摩人消失之谜

住在寒带的爱斯基摩人也发生过令人百思不得其解的"消失事件"。这个离奇事件被发现于1930年12月初。地点是加拿大安吉克尼湖附近,出事者为住在这里的30余名爱斯基摩人。

最不可思议的奇异部落

发现安吉克尼出事的，是之前就与这里的爱斯基摩人熟悉的猎人——约翰·拉斐尔。一天，他又如往常一样站在部落的入口大声喊叫，可是却没有人回应。他便走近最前面的小屋，打开海豹皮做的大门，又叫了几声。同样没有人回答。约翰仔细查看了小屋，发现空无一人。接着，他挨家挨户的敲门、打开小屋，依然不见半个人影。

令他觉得不可思议的是，其中一间小屋的炉子上还摆着锅。掀开锅一看，里面煮熟的食物已经结冻而无法取出。而另一间小屋则放着件正在缝制的海豹皮上衣，似乎只缝到一半，因为动物牙做的针还刺在衣服上。

加拿大西北部的派出所接到报案后，立即前往查看。巨细无遗的清查

了每一间小屋后却毫无头绪。尤其是每一间小屋的步枪都原封不动摆在原处,对爱斯基摩人来说,步枪有如第二生命。所以他们应该不会是去长途旅行。仅次于步枪重要性的,要算狗了。然而,有七只狗却被发现集体死在距部落100米左右的灌木林中,并且据鉴定都是饿死的。另外还有一点令人深思不解的是墓碑被铲除,埋葬的遗体也被移动过。据说爱斯基摩人非常尊重死者,揭开墓碑之类的事绝不会发生。单靠警方的力量无法充分调查,因此请来专家协助。经过两周的详细调查,结果推定:"安吉克尼湖畔的爱斯基摩人,早在猎人约翰·拉斐尔发现前的两个月就已消失了。"

那么爱斯基摩人是基于怎样的理由消失的呢?并没有人知道。搜索队为了慎重起见,调查足迹踏遍了广大的冻土地带,不过,30多名爱斯基摩人,还是没有一个人有下落。